Jacilene Maria Silva

Feminismo e Identidade de Gênero:

Considerações com base no pensamento de Judith Butler

Recife
2018

S586f Silva, Jacilene Maria

Feminismo e Identidade de Gênero: Considerações com base no pensamento de Judith Butler / Jacilene Maria Silva. – Recife: Independently published, 2018. 56 p.

ISBN: 9781980344544

1. Ciências sociais.

CDD 300

Sumário

"O problema da questão de gênero é que ela prescreve como devemos ser em vez de reconhecer como somos"
(Chimamanda Ngozi Adchie, em Sejamos Todos Feministas)

FEMINISMO E IDENTIDADE DE GÊNERO

É de Virginia Woolf a frase: "é muito mais difícil matar um fantasma do que uma realidade". Esta máxima foi proferida no seu discurso intitulado *Profissões para mulheres* (2013), publicado pela primeira vez em 1931. Em síntese, a autora recorre ao termo "fantasma" a fim de representar uma dada expectativa social do que é ser mulher. Expectativa essa que se exercita a partir de imposição de modelos, regras e padrões que são, por diferentes mecanismos ideológicos, reproduzidos e cultivados. Numa denúncia clara dos processos totalitários em que estamos mergulhados e que, sobre nós, impõe sentidos e formas de ser, Virginia Woolf retrata como à mulher é atribuído o status de "anjo do lar" (cuidadora da família), isso tudo numa aura de servidão, doçura e passividade. Como hábil escritora que foi, Virginia Woolf conseguiu nos conectar ao modo como esses estigmas, feito "fantasmas" mais difíceis de serem ultrapassados que uma dada realidade.

Ideias preconceitos, projeções de como devemos ser e de como devemos nos comportar, que estão entranhadas em instâncias subterrâneas de nosso modo de ser, e como tais, difíceis de serem acessadas e desconstruídas, mas que criamos e, mesmo que pertencentes a um contexto simbólico, valorativo e representativo sob o qual transitamos, compõem toda uma teia paradigmática que acaba por comandar nosso modo de ser no mundo. Assim são as ideias que criamos acerca das divisões de gênero, que ainda são fonte de diversos efeitos sob as vidas das pessoas, e foi para questionar as origens e efeitos nocivos da lógica que rege a categorização em gênero que surgiram as primeiras pessoas pensando os problemas de gênero sob a classificação teórica de "feminismo".

A divisão binária "feminino/masculino", que tradicionalmente estabelece a identidade de gênero, já há algum tempo tem sido colocada em cheque. A multiplicidade da condição humana, que não se permite enquadrar ou mesmo reduzir a processos violentos que a suprimem por completo, tem trazido à tona a discussão a respeito da ideia de identidade. Em nosso século e no século passado, um número singular de movimentos sociais e de teóricos na área têm colocado em revisão os limites que determinam fixação e determinação da questão de gênero a partir de uma identidade definida. A disposição binária, que tradicionalmente tem nos classificado entre homens e mulheres em razão única exclusivamente dos corpos, cai hoje por terra as determinações de identidade de gênero baseada na observação dos corpos. Assim, a problematização da identidade de gênero é também a problematização do sentido da identidade, de modo geral, isto é o sentido de identidade de gênero é espécie derivada do sentido de identidade geral.

O problema com a insistência em continuar forçando a classificação das pessoas segundo disposições binárias de gênero está em seu resultado imediato: a exclusão das pessoas que não se identificam com as possibilidades de gênero fixadas nos sentidos binários. Dessa exclusão segue a fobia às possíveis dissidências ao binarismo de gênero.

A história do movimento feminista é a história da rejeição ao gênero, onde temos gênero enquanto uma criação de uma estrutura social em que vivemos chamada patriarcado, que funciona como instrumento de opressão. Na primeira metade do século XX, principalmente nos Estados Unidos e Europa, identifica-se o momento que posteriormente ficou entendido como "primeira onda do feminismo", momento este que, em linhas gerais, pode-se dizer que foi uma época em que a maior demanda do movimento feminista era ter as garantias legais do pleno exercício de direitos civis – como o direito ao voto, por exemplo, que eram direitos e garantias civis negados às mulheres em razão do entediamento social de feminilidade, tido por inato às mulheres. A feminilidade era a doçura, o cuidado e a delicadeza imprescindíveis ao lar, natural das mulheres. Assim, a primeira onda do feminismo foi um momento de quebra de um paradigma, pois a ideia de uma mulher restrita ao ambiente privado foi questionada, de modo que essas mulheres pleitearam o direito de terem poder de voz nos espaços públicos. As cartas legais escreveram em seus textos que mulheres teriam direito de votar e serem votadas, os documentos que estabelecem as normas legítimas passaram a trazer escrito em seus textos que a lei não tratará de maneira discriminatória as mulheres e que toda mulher e homem são iguais perante a lei.

Passada a primeira onda, surgiram, na segunda metade do século XX, por volta da década de 60, demandas feministas ligadas à liberdade sexual e reprodutiva das mulheres, culminado naquilo que ficou entendido como segunda onda do feminismo. Na segunda onda o movimento se voltou para questionar as imposições do gênero na vida pessoal das mulheres. *O pessoal é político* foi um dos slogans dessa época. A invenção da pílula anticoncepcional feminina, em 1962, trouxe consigo uma geração de mulheres que, agora, podiam controlar sua fertilidade. Não é exagero quando se diz que a maior invenção, a que provocou uma revolução social de gênero no meio do século XX, foi a invenção da pílula anticoncepcional. Até então a gravidez era praticamente uma consequência inevitável da prática sexual, um fardo que não se podia controlar. Mas a invenção da pílula contraceptiva mudou este quadro, por isso pode-se ser dita como causa fundamental da "revolução sexual feminina" da década de 1970 e, por conseguinte, de um novo questionamento sobre como as mulheres vivenciavam, até então, sua sexualidade.

Depois disso, por volta do final da década de 80 e início da década de 90 é possível identificar o surgimento de um feminismo de terceira onda. Neste momento, fortemente marcado por uma concepção pós-estruturalista, às pautas do feminismo acrescentaram-se críticas às lacunas que a "revolução sexual feminina" de outrora deixou em aberto, com o questionamento do padrão branco de classe média-alta das feministas que lhe antecederam, mulheres negras, mulheres da classe trabalhadora começaram a se destacar no movimento e negociar seus espaços para revelar as diferenças vividas por mulheres com diferentes condições sociais, raciais e étnicas. O feminismo na terceira onda prezou, portanto, pela contextualização de como o gênero afeta, de maneira diferente, mulheres que se encontram sob circunstâncias diferentes.

Mas, como disse outrora Virginia Woolf, é muito difícil mesmo matar, destruir um fantasma, uma ideia. De modo que, mesmo, por razões didáticas, estudemos o feminismo dividido em "ondas", a partir das demandas peculiares a cada época, na verdade, as demandas de uma "onda" se somam às da sua antecessora. Isto porque, não bastou simplesmente escrever num papel chamado de lei que mulheres e homens têm direitos iguais para que magicamente todas as práticas sociais se voltassem no sentido de assim agir. Não foi só a tecnologia ter criado anticoncepcional na década de 60 para que a mulher tivesse garantida liberdade plena a seu corpo e sua sexualidade. Isto porque, ainda haviam – e há! – estigmas e preconceitos arraigados na sociedade a respeito do *ser* da mulher.

A mulher *é* sensível? A mulher *é* cuidadora? A mulher é *naturalmente* disposta aos afetos enquanto o homem é *naturalmente* disposto à racionalidade? Assim, mulheres se darão melhor trabalhando como, por exemplo, enfermeiras, enquanto homens se darão melhor trabalhando como engenheiros? E se uma mulher quiser ser engenheira? Na naturalização dos comportamentos surgem práticas opressoras, barreiras reais sustentadas por ideias muito difíceis de destruir. Há, finalmente, uma "alma feminina"?

Assim, o feminismo não deixou de existir e ser necessário, por isso surgiu a quarta onda do feminismo. A quarta onda do feminismo é a onda que surge justamente na era da comunicação rápida em níveis globais, é a onda destes primeiros anos do século XXI. O surgimento desta onda não foi aleatório. Coincide com o surgimento da comunicação em proporções nunca antes experimentadas pela humanidade. Afinal, nunca na história da humanidade o mundo se comunicou com tanta rapidez entre tanta distância como se faz agora mediante a internet. Este início de século é o tempo do mundo revolucionado pela internet. Este início de século é o tempo em que as alteridades chegam às identidades com maior facilidade. Pode-se dizer que a era presente é a que mais a humanidade experimentou os choques entre identidades diversas na história, época em que percebemos que a diversidade divide um mesmo mundo e tem que conviver entre si. E é aí que surge o grande problema: a identidade, por definição, é um conceito que busca reconhecer a si mesmo, o igual a si, através da eliminação daquilo que não lhe é igual. Assim, a identidade tende a trancar-se em si mesma e tende à busca pela exclusão de tudo aquilo que não é o mesmo que ela, ou seja, a eliminação do alheio a ela, isto é, a alteridade. Num mundo de diversidade e alteridades como é possível defender a identidade sem oprimir ao outro?

Judith Butler se debruça avidamente sobre a questão da identidade no que esta importa à questão do gênero. Na obra de Butler encontramos também o posicionamento de que a lógica da identidade, quando é atribuída às pessoas, oprime as singularidades humanas. Por isso, a filósofa vai empregar formas desconstrutivas de leitura da identidade de gênero para revelar o quanto pode ser problemática também a maneira de identificar pessoas sob óticas de identidade de gênero. Butler questiona as construções tradicionais que reduzem os gêneros às identidades de feminino ou masculino. A análise de Butler à identidade de gênero nos convida a questionar a razão que rege as identidades, que é o próprio verbo ser quando se diz que alguém é isso ou aquilo.

Assim, tendo como tema central de sua obra a questão do gênero e com tom provocativo, Judith Butler vai questionar o gênero enquanto ontologia, afinal a questão de gênero é, num momento mais grave, o questionamento da identidade e da lógica que a rege, isto é, a lógica do Ser. A filósofa questiona as construções tradicionais que reduzem os gêneros às identidades de feminino ou masculino. A autora classificada como pós-estruturalista, vai dirigir sua obra a problematizar também o binarismo de gênero enquanto estrutura de sentido. Deste modo, ainda que Butler pense o feminismo como luta pelos direitos das mulheres, como sempre o foi, ela também vai pensar segunda uma desmontagem daquilo que chamamos de "mulheres".

O problema que aqui se ataca fundamentalmente é o da formatação de uma identidade naturalizada, que se dá quando o princípio da identidade se cruza com o princípio do natural, do arraigado, necessário e indissociável à natureza humana.

Desconstrução da categoria lógica "mulher"

O questionamento da identidade é certamente o questionamento mais antigo e mais fundamental de todo o pensamento ocidental. Trata-se da pergunta primeira que se fazer acerca de tudo o que tentamos conhecer: *o que é isto?* Os primeiros filósofos, os pré-socráticos buscaram dizer qual era a essência de todas as coisas do mundo.

No pensamento grego antigo, mais precisamente o pensamento de Aristóteles (384 a.C. – 322 a.C.) em sua obra *A Metafísica* (2012), o princípio da identidade (A = A) se sustentou na ideia de que tem que haver um elemento essencial que faz de algo ser o que é e não ser outra coisa, aquilo que constitui a natureza permanente, fundamental de um ser, o fundamento último do que faz isto ser isto e não outro. E seria esse elemento essencial o que determina que

"A" é idêntico a "A". A palavra grega para isso é *Ousía* (οὐσία, pronúncia moderna "ussía"). Esta palavra é um substantivo e é corriqueiramente traduzida para o português como *substância* ou *essência*, devido à sua tradução para latim como *substantia* ou *essentia*.

A questão da identidade de gênero é: qual a *ousía* do gênero? Gênero é algo que se enquadra nesses termos ontológicos? Só algo que seja passível de redução a termos ontológicos é que pode ser dito como verdadeiro ou falso, de maneira que verdadeiro será aquilo em que se verificar que está o elemento dito por sua *ousía,* e será falso quando não possuir esse elemento fundamental. Perguntar pela *ousía* do gênero implica, então, em tentar traçar os limites que vão estabelecer a verdade ou a falsidade do gênero. Por isso que Judtih Butler afirma que a questão de gênero é uma questão ontológica, porque a questão de gênero é um questionamento da essência que determina o *ser* do gênero.

Judtih Butler é certamente umas das mais polêmicas pensadoras da contemporaneidade com contribuições consideráveis para diversas áreas do conhecimento, como a ética e a política, por exemplo. A autora ganhou significativa notoriedade após a primeira publicação de uma de suas obras mais famosas, em 1990, que é o livro *Problemas de gênero: feminismo como subversão da identidade*. Butler vai dizer que questionar o gênero é uma atividade reflexiva que remete à questão da razão pela qual o gênero é regido, a questão pela sua *ousía*. Por isso que se diz "identidade de gênero", porque gênero é um conceito tradicionalmente regido pelo princípio lógico da identidade. Mas o que Butler vai dizer em sua obra é que gênero é um conceito não verificável em termos ontológicos, isto é, segundo Butler não existe algo que se possa chamar de *ousía* dos gêneros. Segundo Butler o conceito de gênero não é uma verdade ontológica é uma ficção social, algo que ela vai chamar de "criação performática", que opera através de uma lógica binária e é fruto do sistema patriarcal vigente.

A filósofa percebe que a divisão de gênero agrupa os seres humanos em categorias identificando-os como feminino ou masculino e, assim, esse tipo de divisão atribui às pessoas papéis e expectativas de comportamento diante da sociedade. Butler vai enxergar um grave problema nisso, pois segundo a autora, as categorizações de gênero são apenas modelos sociais forjados que forçam as pessoas a fingirem que se encaixam neles e, pior, punem de certa forma quem recuse fingir se encaixar nesses modelos.

Portanto, Butler afirma que o gênero está atrelado de maneira intrínseca à maneira como se exige que homens e mulheres devam se comportar diante da sociedade. E essa atribuição de identidade de gênero começa quando uma pessoa nasce e, a depender de sua genitália, já é categorizada como feminino/mulher ou masculino/homem.

Sendo assim, a depender do sexo biológico com o qual a pessoa nasce, comportamentos diferentes serão estimulados e exigidos. Butler pergunta "o que é gênero?" e, para desenvolver uma resposta a essa pergunta, vai defender que é necessário que subvertamos as noções cristalizadas de gênero para que, assim, possamos nos livrar das amarras que esse tipo de identificação produz. Trata-se de uma desconstrução estratégica.

Butler vai notar em sua obra que a questão de gênero é um questionamento da identidade, já que é a partir da lógica da identidade que o gênero é regido. Isto porque se pergunta: o que é *ser* da categoria de gênero x? Em outras palavras, perguntamos: o que identifica alguém como masculino ou como feminino? E é por se dar conta disso que Butler vai provocar essa lógica, desafiando as convenções de identidade tradicionalmente estabelecidas.

Butler questiona as condições e contextos sob as quais as identidades foram formadas, e como elas ainda são construídas, isto é, a crítica de Butler é dedicada ao questionamento das perspectivas sob as quais a identidade é construída. Esta problematização da identidade de gênero não é apenas uma provocação lógica sem sentido além da própria provocação, não é um jogo intelectual para nada, mas tem como intenção fundamental pensar sobre como a identidade de gênero, uma vez construída, pode se degenerar tomando aspecto indisposto a tudo que não é o mesmo que ela, avessa a tudo que é diverso dela. Nas palavras da filósofa estadunidense em entrevista:

> Quando falamos numa crítica da identidade, não significa que desejamos nos livrar de toda e qualquer identidade. Pelo contrário, uma crítica da identidade interroga as condições sob as quais elas se formam, as situações nas quais são afirmadas, e avaliamos a promessa política e os limites que tais asserções implicam. Crítica não é abolição. Por fim, faz grande diferença se alguém toma "ser uma lésbica" ou "ser um judeu" como fundamento ou base de todas as suas outras visões políticas, ou se, ativamente, compreende que as categorias

são historicamente formadas e ainda estão em processo. Então, <u>minha perspectiva é a de que não é útil basear todas as demandas políticas de alguém em uma posição de identidade, mas faz sentido levantar, como uma questão política explícita, como as identidades foram formadas, e ainda são construídas, e que lugar elas devem ter num espectro político mais amplo</u>. (BUTLER, 2013, p. 48) (grifos meus)

Assim, o impulso para o exercício crítico da identidade de gênero não é algo que se deu pelo puro exercício da razão, mas sim da observação de situações práticas em que as identidades de gênero tomavam aspecto de exclusão das expressões de gênero diferentes. É verdade, pois, que Butler se debruça sobre um problema conceitual, isto é, uma questão de âmbito teórico, mas o questionamento que ela desenvolve, surgiu em observações práticas e não do puro exercício do pensamento.

Judith Butler busca repensar conceitualmente a identidade dos gêneros e a categoria "mulher", o ser do movimento feminista, foi seu principal foco na obra *Problemas de Gênero: feminismo e subversão da identidade*, onde à categoria "mulher" foi atribuída o espectro do gênero "feminino". Por isso, falar em identidade de gênero implica em falar de feminismo, afinal foi a partir das demandas feministas que o recorte de gênero passou a ser discutido como um problema.

Pode-se dizer que a principal demanda do feminismo, aquela mais fundamental que conseguimos traçar, praticamente comum às mais variadas correntes é a de que o recorte de gênero não seja empecilho para que as mulheres exerçam a suas mais diversas liberdades. Para fins didáticos, é comum se fazer a divisão dos diferentes "tempos" do movimento feminista através das chamadas "Ondas do Feminismo". As ondas são identificadas com base nas demandas específicas dos contextos e tempos em que se inserem.

A chamada Primeira Onda do Feminismo ocorreu no XIX e avançou pelo começo do século XX e surgiu inicialmente no Reino Unido e nos Estados Unidos. As mulheres queriam direitos civis de votar e serem votadas, direito de conquistar e gerenciar propriedade, assim como os tinham os homens. Até então, as mulheres eram "propriedade" de seus pais, maridos, irmãos ou quaisquer que fossem os homens chefes da família.

As mulheres que faziam parte desse momento histórico eram basicamente as mulheres brancas e ricas, que reivindicavam o poder de terem voz nas situações públicas, assim como já tinham esse poder os homens brancos e ricos que eram seus, pais, maridos e/ou irmãos. Assim, a demanda das mulheres dessa época era a participação da vida pública, e não somente da vida privada limitada a ser esposa, mãe ou filha de algum homem. Foi o momento em que o movimento lutou pela igualdade de direitos civis para homens e mulheres.

Entretanto, pode-se dizer que foi somente após a Segunda Guerra Mundial (1939-1945) que o gênero ganhou espaço para o reconhecimento enquanto problemática a ser objeto de estudo sociológico. Mas isso pode ser explicado. A mídia teve papel determinante na propagação deste trágico conflito que, em 6 anos, tirou mais de 50 milhões de vidas. Nos canais de comunicação social eram veiculadas de maneira rápida e maciça notícias da Guerra e o foco era mantido na mensagem de que as pessoas tinham o dever moral de "servir a pátria" lutando na guerra. Essa mensagem envolveu também a população feminina.

As mulheres eram chamadas para servir atuando no "front interno" ou como enfermeiras, próximo aos campos de batalha, nos campos de cuidado dos feridos. Assim, mulheres condicionadas socialmente à vida privada passaram a exercer, de alguma maneira, papéis na vida pública. Desse jeito, as mulheres puderam provar que eram capazes de exercer funções não restritas ao âmbito do lar. Por isso o feminismo tomou vigor justamente após a Segunda Guerra Mundial e foi a partir da primeira publicação da obra O *Segundo Sexo*, de Simone de Beauvoir no ano de 1949 que se abriram caminhos para uma revisão dos papéis de gênero da sociedade.

> Ninguém nasce mulher: torna-se mulher. Nenhum destino biológico, psíquico, econômico define a forma que a fêmea humana assume no seio da sociedade; é o conjunto da civilização que elabora esse produto intermediário entre o macho e o castrado, que qualificam de feminino. (BEAUVOIR, 1967, p. 9)

O Segundo Sexo é considerado até hoje como marco inicial da prática reflexiva da condição da mulher. A obra foi lançada em dois volumes e o primeiro volume – *Fatos e mitos* –, que foi lançado em junho daquele ano, discute a condição da mulher na sociedade patriarcal numa época em que ainda nem se havia realmente criado o termo "feminismo". Já o segundo volume da obra – *A experiência vivida* – foi lançado em novembro daquele ano. Este volume se debruça com afinco sobre a investigação da condição feminina em diversas dimensões: sexual, social, política e psicológica.

Simone desafiou ideias relacionadas à mulher que até então não tinham sido questionadas de maneira tão ampla, ela quebrou tabus rígidos e, por isso, foi duramente criticada. Tanto que o Vaticano colocou *O Segundo Sexo* entre os livros proibidos da Igreja Católica. Mesmo assim, os 22 mil exemplares do primeiro volume foram todos vendidos em uma semana, ou seja, um sucesso de vendas. Pode-se dizer que obra de Simone foi a mola propulsora no movimento de libertação das mulheres das décadas seguintes por manter o questionamento acerca de tabus e convenções de gênero impostas.

Pouco mais de uma década, no ano de 1962, após o lançamento de *O Segundo Sexo* aconteceu aquele que certamente é o fator que provocou a maior revolução na história em matéria de gênero: a invenção da pílula anticoncepcional. Até este invento a falta de controle sobre a fertilidade das mulheres ainda eram um problema. A pílula continuou sendo estudada para ser aprimorada com o tempo, pois as primeiras continham altas doses de hormônios que provocavam efeitos colaterais não desejados. Assim, contamos a partir invento a libertação das mulheres do fardo que era a gravidez indesejada e o impacto social desse fato foi enorme.

Pode-se dizer que invenção da pílula foi a principal causa da revolução feminina da década seguinte. A pílula anticoncepcional transformou as relações sociais, pois proporcionou às mulheres a possibilidade de participar dos espaços privados e a gravidez deixou de ser um destino inevitável. Foi a mais relevante modificação no comportamento humano, pois ajudou a surgir esse novo modelo de mulher que finalmente podia ter controle do próprio corpo.

Foi a partir daí que cresceu a chamada "segunda onda" do feminismo que lidava com assuntos relacionados ao corpo e à sexualidade até então considerados tabus. Não é exagerado dizer que a geração que veio depois dessa "onda" cresceu numa era que houve significativo relaxamento quantos às normas sexuais e de repressão ao corpo e isso se verifica com a descriminalização da homossexualidade em diversos países do ocidente, a ideia de "amor livre" disseminada pelos grupos de jovens *hippies* nos anos 60, a liberdade sexual pleiteada pelo movimento de liberação das mulheres.

Na passagem para os anos 80, são incorporadas ao feminismo as demandas trazidas pelas mulheres negras. Um dos maiores nomes do feminismo negro é Angela Davis, que, em sua obra *Mulheres, raça e classe* (2016), cuja primeira publicação data de 1981, trouxe para o centro do babate o gênero associado às categorias de raça e classe, de modo a fragmentar o discurso da universalidade. Assim, a terceira onda do feminismo aparece como um momento que mostra que as opressões sociais atingem de maneiras diferentes mulheres que se encontram sob diferentes condições sociais.

Na medida em que o feminismo foi se organizando e dando surgimento a grupos organizados com fim de pleitear direitos, questionamentos de fundo teórico foram vindo à tona. De maneira que as feministas também foram se deparando com a necessidade de firmar suas ideias em bases argumentativas racionais para justificar as categorias teóricas de suas demandas. Esta necessidade surgiu porque há que se explicar e justificar com firmeza teórica as razões motoras desses grupos, sob pena de suas demandas caírem em total descrédito social. Assim, nas discussões atuais emergem com bastante força a ideia na desnaturalização do gênero.

As problemáticas surgidas apontam para o sentido de delinear os conceitos e limites das identidades, o que os remete a problemáticas fundamentais de dimensão teórica, isso porque os põe diante de questões como dizer a essência das identidades, isto é, conceituar o que elas são sob bases racionais rígidas. Sendo assim pergunta-se: o que é ser uma mulher? O que é um homem? Se existe, qual a essência dos gêneros?

Este movimento de desconstrução – que, inclusive, tem sido enquadrado como um possível "feminismo de quarta onda" – é fruto da própria diversidade humana, que desafia a ideia de que as pessoas têm identidades imutáveis e destinos biológicos e põe em revisão o próprio sujeito do feminismo, ou seja, a categoria "mulher". É neste momento que se encontram as problemáticas trazidas por Judith Butler. *Problemas de Gênero: feminismo e subversão da identidade*, teve seu primeiro lançamento no início da década de 90, nos Estados Unidos, apresentando uma crítica provocativa a um dos principais fundamentos do movimento feminista: a identidade.

Notadamente o ser humano nasce um animal que é macho ou fêmea – salvo casos intersexo. Porém, todas as expectativas sociais para aquele ser, inicialmente apenas humano, vão então circular em volta da identidade de gênero que, independente de sua vontade, lhe foi atribuída com base no seu sexo. Das meninas se espera a passividade, a serenidade e a disposição aos afetos, enquanto dos meninos é esperado a atividade, a intransigência e disposição à racionalidade. A partir dessa categorização lhe são atribuídas expectativas comportamentais: "comporte-se como uma moça", "haja como um homem". Os desvios a essas expectativas são interpretados como inconveniências e aberrações.

Butler vai promover uma renovação da pauta feminista por questioná-la, porém sem abandoná-la. Assim, o trabalho de Butler é principalmente uma crítica ao feminismo, na medida em que ela critica o feminismo que ainda se pauta no "binarismo" de gênero – com a ideia de que "masculino e feminino" são a verdade do gênero. Butler não vai deixar de dizer que o feminismo é referente à luta pelos direitos das mulheres, como sempre foi, mas vai voltar questionamentos acerca da ideia do que se categorizou como "mulher". Por fim vai também questionar o conceito de "homem", sem medo de levar a um nível ontológico.

> Enquanto a indagação filosófica quase sempre centra a questão do que constitui a "identidade pessoal" nas características internas da pessoa, naquilo que estabeleceria sua continuidade ou autoidentidade no decorrer do tempo, a questão aqui seria: em que medida as *praticas reguladoras* de formação e divisão do gênero constituem a identidade, a coerência interna do sujeito, e, a rigor, o *status* autoidêntico da pessoa? Em que medida é a "identidade" um ideal normativo, ao invés de uma característica descritiva da experiência? E como as práticas reguladoras que governam o gênero também governam as noções culturalmente inteligíveis de identidade? Em outras palavras, a "coerência" e a "continuidade" da "pessoa" não são características lógicas ou analíticas da condição de pessoa, mas, ao contrário, normas de inteligibilidade socialmente instituídas e mantidas. (BUTLER, 2015, p. 43)

Acostumamo-nos a entender as relações entre pessoas no cenário da bipolaridade "homem-mulher", mas Butler questiona o gênero a fundo desde o que é ser homem e ser mulher, assim, questiona o próprio sentido do verbo "ser" quando se diz que alguém "é" isso ou aquilo. Para Butler identidade de gênero é um conceito de ordem metafísica que deve ser encarado de maneira plural e não singular. Ela defende que não é possível que haja uma efetiva libertação da mulher sem que antes de subverta a ideia que identifica seres humanos como a categoria "mulher". Assim, a questão que aqui se levanta é: <u>o que identificadas a categoria "mulher" são os estereótipos de feminilidade? Em outras palavras, o "ser mulher" equivale à performance social de gênero feminino?</u> É claro que não! O conservadorismo da civilização ocidental agrupou num conjunto só a fêmea humana e o gênero feminino e chamou isso de "mulher", por isso, rejeitar e abolir o gênero, a feminilidade, é uma atitude tão importante para pleitear libertação das mulheres, afinal, "mulher" não é gênero, "mulher" é nada além de um animal humano fêmea, o gênero é o "feminino", este uma invenção a posteriori do que seria "ser mulher". Ser mulher, durante muito tempo foi sinônimo de ser feminina, cruzava-se uma construção social com natureza. Então, há que se dissociar os esteriótipos do gênero feminino, de feminilidade da palavra "mulher", esta referindo-se simplesmente à fêmea adulta humana, que não precisa ter nada a ver com feminilidade. Pode-se afirmar que, desde seu surgimento, o movimento feminista buscou desvencilhar as mulheres dos padrões sociais de feminilidade.

O feminismo surgiu como movimento político que traçou a identidade do sujeito "mulher" para desafiar o modelo social patriarcal. Porém, em sentido último, os grupos podem assumir abordagens essencialistas quanto à identidade, atribuindo às identidades uma lógica que as define como arraigadas na biologia e, por isso, são naturais. Desta maneira, Butler vai argumentar que, também as identidades marginalizadas se tornam cúmplices de um sistema gerador de injustiças, ao reproduzir os significados fixos que reafirmam o sistema binário.

As críticas à identidade feitas por Butler podem soar, num primeiro momento, como ameaçadoras às demandas feministas. Pode-se ter a impressão precipitada de que a desconstrução da categoria mulher faria perder todo o sentido das demandas do feminismo. Mas, após uma leitura mais atenta, nota-se que os argumentos de Butler não são "contra" o feminismo, tanto que a filósofa é clara ao afirmar que se reconhece como filiada ao feminismo e não como pós-feminista, como alguns talvez pudessem julgar. Em suas próprias palavras "Geralmente não me defino a mim mesma, mas se você está perguntando se aceito ser chamada de feminista, certamente que sim. Não me compreendo como pós-feminista" (BUTLER, 2013, p. 48).

O que Judith Butler faz é estritamente problematizar os termos em que se instituíram as reivindicações de emancipação da política identitária. Ela aceita a ideia principal de Beauvoir de que gênero é uma construção social, mas segundo Butler o feminismo até então ignorava as implicações mais profundas desse raciocínio o que acabava simplesmente por reforçar os estereótipos de feminino e masculino. Para pensar o feminismo, Butler diz que é preciso que se passe por uma desconstrução necessária de todo tipo de identidade de gênero, e a finalidade desse exercício reflexivo é desarmar as lógicas que excluem as singularidades humanas que não se adéquam ao cenário da bipolaridade da identidade de gênero.

> A circularidade problemática da investigação feminista sobre o gênero é sublinhada pela presença, por um lado, de posições que pressupõe ser o gênero uma característica secundária das pessoas, por outro, de posições que argumentam ser apropria noção de pessoa, posicionada na linguagem como "sujeito", uma construção masculinista e uma prerrogativa que exclui efetivamente a possibilidade semântica e estrutural de um gênero feminino. Essas discordâncias tão agudas sobre o significado de gênero (se *gênero* é de fato o termo a ser discutido, ou se a construção discursiva do *sexo* é mais fundamental, ou talvez a noção de *mulheres* ou *mulher* e/ou de *homens* ou *homem*) estabelecem a necessidade de repensar radicalmente as categorias da identidade no contexto das relações de uma assimetria radical do gênero. (BUTLER, 2015, p. 34)

Portanto, Butler promove uma desmontagem de todo tipo de identidade de gênero a fim de repensar situações que oprime as singularidades humanas que não se adéquam ao modelo que ela vai chamar de binário, que é este modelo que agrupa os seres humanos em duas categorias de gênero, que são, gênero masculino e gênero feminino. E a crítica à identidade é importante porque pensa as próprias condições sob as quais são forjadas as identidades.

Atualmente, movimentações sociais cujo sentido está em problematizar a origem da identidade de gênero ganham força, porém há movimentos específicos que não se interessam por combater os estereótipos de gênero, pelo contrário, fazem malabarismos discursivos a fim de criar possibilidades de existência da identidade de gênero ampliando-a. É fato, evidente, não há o que se discutir que os seres humanos, salvo algumas anormalidades, nascem fêmeas ou machos humanos. O gênero é uma ficção social que, apoiada nesse fato, atribui ao ser humano fêmea o gênero feminino e ao ser humano macho o gênero masculino. A cada gênero são atribuídas diferentes características que se opõem. *As palavras* "mulher" e "homem" são nomenclaturas que devem se referir **aos corpos com que as pessoas nascem** ou ao **gênero que as pessoas reproduzem**? É essa a questão. Há grupos em movimentos sociais atuais defendendo que identidade de gênero é um direito porque a pessoa nasce com ela dentro da mente, e reivindicando as nomenclaturas "mulher" ou "homem" com base no gênero que as pessoas dizem ter nascido com ele em sua dimensão psíquica. Em outras palavras, há quem diga que ser mulher é nascer com "alma feminina", por isso tais grupos defendem que, a pessoa se afirma sob o gênero feminino reproduzindo-o tem direito à nomenclatura "mulher" e quem faz o mesmo sob o gênero masculino tem direito à nomenclatura "homem". Então, a fêmea humana não seria correspondente à categoria "mulher" e, por conseguinte, o macho humano não seria correspondente à categoria, de maneira que a nomenclatura "homem/mulher" dependeria de atos performáticos de gênero patriarcados individualmente pela pessoa. É basicamente isso o que algumas teorias de gênero populares em certos ativismos de gênero defendem atualmente, para reivindicar a identidade gênero como um direito e as palavras "mulher" e "homem" como instrumentos do exercício deste direito. <u>Para que serve tudo isso no final das contas se identidade de gênero, como já sabemos, é um mal que oprime os seres humanos – sobretudo as mulheres que estão em posição inferior na hierarquia dos gêneros?</u> Tem servido muito bem ao sistema neoliberal deslocar a identidade de gênero de uma imposição social opressora para a ideia que é uma escolha pessoal libertadora, nota-se, pois, um trunfo do neoliberalismo para manter o gênero controlando as pessoas. O neoliberalismo não está fazendo as pessoas simplesmente brigarem pelas palavras "mulher" e "homem", está fomentando a desconsideração da importância da materialidade, esta fundamento de demandas sociais como é, por exemplo, o feminismo. A consequência é o esvaziamento da luta feminista a partir de um pensamento antimaterialista[1], que desconsidera como relevantes as circunstâncias materiais impostas às fêmeas humanas. E na nossa era de superexposição nas plataformas de rede social, de consumismo desenfreado o sistema só quer aumentar o público-alvo, por exemplo, da indústria da beleza. Assim, estão falando para pessoas que não são fêmeas humanas reivindicarem a palavra "mulher" para si "só para venderem mais batons". A indústria farmacêutica é outra que lucra bastante vendendo hormônios às pessoas que, para aparentarem atributos físicos como se fosse macho ou fêmea humanos, devem

---

[1] Sentimento, sistema ou doutrina que nega que na materialidade e em seu movimento, há a realidade com a capacidade de explicação para fenômenos naturais, sociais e mentais.

consumir hormônios específicos para os restos de suas vidas. Não há liberdade no reforço da identidade gênero, só na sua abolição as pessoas terão realmente liberdade para serem o que são sem qualificações limitadoras.

Crítica à limitação à identidade binária

Na sociedade ocidental, é convencionado que as pessoas tenham seu comportamento defino por dois gêneros preestabelecidos: feminino e masculino. De modo que às pessoas é imposto adequar-se a uma ou outra dessas duas categorias de gênero. Papeis próprios de um gênero ou outro são atribuídos aos indivíduos durante o processo de construção da identidade de gênero.

Assim, de acordo com o modelo binário de gênero há duas categorias possíveis de gênero: o masculino e o feminino. Essas categorias foram criadas e se apoiam na aparência do corpo anatômico. Isso decorre dos papéis sociais e comportamentos individuais que são esperados dos indivíduos que se encaixam no gênero masculino ou no gênero feminino. Logo, a estrutura binária estabelece expectativas para as ideias de feminino e de masculino e aquele que se encaixa totalmente nas expectativas decorrentes dessas ideias é tido como modelo de completude, de perfeição, enquanto que quem desvia dessas expectativas é tido como caos, como desordem. Nossa cultura judaico-cristã tende a reforçar essa dicotomia, de maneira que os indivíduos que não se "encaixam" nesse modelo são vistos como "erros", como "desvios à ordem correta".

O anúncio de uma gravidez costuma se seguido pela pergunta "é menina ou menino?", e a depender da resposta a esta pergunta, sob aquele ser humano serão atribuídas diversas expectativas sociais distintas. Se um "ser humano nascido com pênis" certas expectativas, se um "ser humano nascido com vagina" outras expectativas. E ainda pode ser o caso de a genitália desse ser humano não nascer exatamente definida, como é, por exemplo, o caso de pessoas intersexo, que são pessoas que nasceram com variações na genitália de modo que não se encaixam perfeitamente nas definições de "pênis" ou "vagina", o que certamente demonstra o quanto o modelo binário é insuficiente para dar conta das singularidades humanas. É este o ponto de Butler acerca do binarismo de gênero.

> Mesmo que os sexos não pareçam problematicamente binários em sua morfologia ou constituição (ao que será

questionado), não há razão para supor que os gêneros também devam permanecer em número de dois. A hipótese de um sistema binário dos gêneros encerra implicitamente a crença numa relação mimética entre gênero e sexo, na qual o gênero reflete o sexo ou por ele é restrito. Quando o *status* constituído do gênero é teorizado como radicalmente independente do sexo, o próprio gênero se torna um artifício flutuante, com a consequência de que *homem* e *masculino* podem, com igual facilidade, significar tanto um corpo feminino como um masculino, e *mulher* e *feminino*, tanto um corpo masculino como um feminino. (BUTLER, 2015, p. 26)

A construção e o funcionamento das sociedades humanas patriarcais definiu gênero nesses moldes tendo como escopo as "leis da natureza", de modo que os modelos de feminino e masculino, tidos como opostos ou complementares, se organizando mais ou menos segundo a seguinte tabela[2]:

HOMEM	MULHER
Macho	Fêmea
Ativo	Passivo
Racional	Emotivo

---

[2] A tabela poderia ser muito maior, aqui segue um breve exemplo.

Positivo	Negativo
Agressividade	Mansidão
Firmeza	Flexibilidade
Força	Fragilidade

Há certamente possibilidades de se explicar como as sociedades humanas se organizaram de modo a chegarmos nessa maneira de descrever homem e mulher e certamente o ponto "procriação" é crucial a essa explicação. Podemos perceber que a mulher sempre esteve sujeita aos nascimentos muito frequentes e aos cuidados com crianças nascidas. Essa foi provavelmente a principal razão para os homens assumirem a maior parte das funções ativas nas comunidades como trabalhos agrícolas ou ação na organização social, pois a maternidade consumia muito do tempo das mulheres.

Dessa maneira, as vidas das mulheres passaram a serem definidas em termos de gravidez e cuidados de crianças, além da fragilidade física dos períodos de gravidez, puerpério e amamentação, o que lhes condicionou a uma ilusão social de que seus traços biológicos eram seu óbvio destino inevitável. As mulheres foram condicionadas socialmente ao espetro da passividade, enquanto aos homens coube o espectro da atividade, e também a partir disso ficou definido que este corresponde ao sentido de "masculino", ao passo que o primeiro corresponde ao sentido de "feminino".

A consequência foi que nessas sociedades comandadas pelos homens, as patriarcais, os homens eram considerados criaturas superiores, tanto que tinham direitos legais que as mulheres não possuíam. Por exemplo, as mulheres eram impedidas de possuírem propriedade de forma independente e muito comumente ofensas sexuais das mulheres – o adultério, por exemplo – eram muito mais severamente punidas do que as mesmas condutas quando eram cometidas pelos homens.

Segundo Peter Stearns em *História das Relações de Gênero* (2007), ocorreu que, culturalmente, os sistemas patriarcais enfatizaram a fragilidade das mulheres e sua inferioridade e isso foi baseado no fato de que as mulheres estavam limitadas às condições da gravidez. Apoiados nisso, os sistemas patriarcais insistiam em restringir às mulheres os deveres domésticos e algumas vezes restringiam até o direito delas aparecerem em público.

Também se tornou comum a preferência por filhos em vez de filhas. Não raro, famílias adotaram a prática do infanticídio para manter um controle na taxa de natalidade, de modo a eliminar as meninas com mais frequência.

Foi assim que a sociedade ocidental tradicionalmente aceitou como praticamente óbvio que o fator principal que diferencia o gênero seria os traços biológicos de cada pessoa, e a genitália com a qual a pessoa nasceu era tida como o fator determinante para estabelecer a "verdade" dessa categorização. Assim, se dividiu os seres humanos em categorias baseadas na aparência dos seus sexos: homem/masculino e mulher/feminino.

Essa lógica comportamental demorou muito tempo para ser efetivamente problematizada e uma mudança na lógica da reprodução humana foi certamente um fator decisivo para incendiar o questionamento das divisões de papéis sociais a partir do recorte de gênero. Ora, se os paradigmas de gênero se originaram da lógica reprodutiva em que a mulher estava condicionada a estar grávida, amamentando e cuidando dos filhos, depois grávida novamente e assim por diante – isso quando não morria de parto – então, mudar esse "fardo da gravidez" implicava em rever a própria lógica de gênero.

Por isso dissemos antes que a invenção da pílula anticoncepcional foi tão significativa para a mudança dos paradigmas das relações de gênero na sociedade, pois a partir de então a fertilidade da mulher podia ser controlada e a gravidez não precisava ser um fardo inevitável, uma condição da natureza, mas, de alguma maneira, passou a ser uma opção.

> A verificação de qualquer sistema de divisão sexual do trabalho mostra que ele é determinado culturalmente e não em função de uma racionalidade biológica. O transporte de água para a aldeia é uma atividade feminina no Xingu (como nas favelas cariocas). Carregar cerca de vinte litros de água sobre a cabeça implica, na verdade, um esforço físico considerável muito maior do que o necessário para o manejo de um arco, arma de uso exclusivo dos homens. Até muito pouco tempo, a carreira diplomática, o quadro de funcionários do Banco do Brasil, entre outros exemplos, eram atividades exclusivamente masculinas. O exército de Israel demonstrou que sua eficiência bélica continua intacta, mesmo depois da maciça admissão de mulheres soldados. (LARAIA, 2009, p. 19)

Além disso, as inquietações geradas pela percepção que há muitos seres humanos que não se adéquam à lógica da categorização binária do gênero, levantadas por intelectuais contemporâneas, fez surgir os questionamentos atuais ao modelo binário do gênero. Por isso, Judith Butler vai questionar o processo de naturalização da associação da identidade de gênero ao sexo biológico. Butler percebeu que gênero não é um elemento tão radicalmente ligado à natureza, isto é, ao sexo biológico binário, como nossa educação tradicional nos fez acreditar, mas que, ao contrário, gênero é um conceito que pode ser fluído e mutável, cobrindo um espectro de identidades de gênero tão amplo quanto não seria possível reduzir em números.

> Considerando que a articulação de uma identidade nos termos culturais disponíveis instaura uma definição que exclui previamente o surgimento de novos conceitos de identidade nas ações politicamente engajadas e por meio delas, a tática fundacionista não é capaz de tomar como objetivo normativo a transformação ou expansão dos conceitos de identidade existentes. Além disso, quando as identidades ou as estruturas dialógicas consensuais, pelas quais as identidades já estabelecidas são comunicadas, não constituem o tema ou objeto da política, isso significa que as

É um exemplo clássico de não encaixe ao modelo binário de gênero o caso ocorre das hijras, uma categoria que se refere ao terceiro gênero composto por transgêneros, eunucos e intersexos no sul da Ásia. As hijras correspondem a um antigo grupo que durante milhares de anos foram líderes espirituais e políticos que ocupavam posições de prestígio na sociedade indiana, isto porque estão presentes nos textos sagrados do hinduísmo.

Quando a Grã-Bretanha colonizou a Índia, no entanto, adotou uma lei, no ano de 1987, que criminalizava as hijras. Deste modo este grupo passou a ser marginalizado, tendo que se prostituir ou mendigar para sobreviver. Porém, no ano de 2014 a Suprema Corte do governo indiano instituiu esta terceira categoria de gênero nos documentos oficiais, assim foi garantido legalmente o direito de pessoas transgêneros se autoidentificarem.

As hijras são um exemplo recorrentemente usado para demonstrar em uma situação real o quanto gênero tem muito mais a ver com as práticas e costumes de uma sociedade do que com uma natureza *a priori* dos seres humanos. É de saber amplo que quando um bebê nasce com um sexo ambíguo, é normal os cirurgiões intervirem, removendo o pequeno pênis que aparece no órgão genital do bebê e sugerindo que aquela criança seja criada como menina, uma "solução" que revela, inclusive, o caráter ficcional dos conceitos de masculinidade e feminilidade ao supor que "o masculino" corresponde a possuir um pênis grande, além se ser contraditória, já que releva que basta "criar como uma menina" que aquela criança se identificará com o gênero feminino.

Butler vai discordar que o gênero seja algo tão simples que possa caber no binarismo "feminino e masculino". Deste modo o gênero não é tão óbvio nem tão estático quanto se acredita ainda, mas, pelo contrário podem se fluidos e se estender a um muito ampliado aspecto de identidade de gêneros. Por isso, a filósofa vai perceber que o questionamento da identidade de gênero pressupõe o questionamento daquilo que lhe dá fundamento que é a pergunta pelo "o que é?".

É esta pergunta pelo fundamento da identidade de gênero que vai nos fazer desconstruir os conceitos de gênero a fim de entender como eles operam. Este exercício de desconstrução funciona como instrumento que nos auxilia a distinguir o que se trata de parte de uma construção histórico-social e o que pertence à ordem do *ser* e gênero pertence àquele primeiro não a este segundo.

> O gênero é uma complexidade cuja totalidade é permanentemente protelada, jamais plenamente exibida em qualquer conjuntura considerada. Uma coalizão aberta, portanto, afirmaria identidades alternativamente instituídas e abandonadas, segundo as propostas em curso; tratar-se-á de uma assembleia que permita múltiplas convergências e divergências, sem obediência a um *telos* normativo e definidor. (BUTLER, 2015, p. 42)

Butler, portanto, ao criticar o reforço aos estereótipos "masculino" e "feminino", vai mostrar que gênero é um conceito que não pode ser simplificado na polarização "masculino e feminino". Segundo a filósofa, gênero é um tipo de imitação para o qual não há um original, assim trata-se muito mais de "o que você *faz*" do que uma noção essencial "do que você *é*" e é a partir daí que ela vai desenvolver um dos seus conceitos fundamentais que é a questão da "performatividade", segundo o qual gênero é somente encenação, ou seja, performance. Assim, é a partir da obra de Butler percebe-se que gênero não é um reflexo simplesmente da anatomia dos corpos, mas é, de maneira mais aprofundada, um problema de ordem ontológica, porque se trata de uma ficção de *ser* que limita as possibilidades de seres humanos de se identificarem no que se refere a gênero a uma dicotomia insuficiente à dimensão do humano.

Não há como falar em gênero sem falar sobre o patriarcado, a estrutura social que estabelece o gênero como paradigma para os indivíduos na qual estamos inseridas. Mas é claro que não existe divisão de gênero só no patriarcado, há culturas nas quais há, inclusive, mais gêneros do que dois (como é o caso das hijras). Há também culturas nas quais os papéis de gênero são diferentes dos mesmos papéis na cultura ocidental, como o trabalho etnográfico feito pela antropóloga cultural estadunidense Margaret Mead (1901 – 1978) identificou, por exemplo. Mead pretendeu responder à seguinte pergunta: *as características ditas por femininas e masculinas são reflexos de diferenças biológicas ou condições culturais?* E, a partir de investigações sobre a vida privada de povos não ocidentais, identificou variações dos papéis de gênero em diferentes culturas. Margaret Mead estudou três povos diferentes na nova Guiné assumindo uma abordagem comparativa no que se refere ao gênero: o povo Arapesh, o Mundugumor e o Tchambuli. A pesquisadora constatou que, entre os Arapesh, homens e mulheres cuidavam das crianças e tinham atitudes "gentis, disponíveis e cooperativas", traços comportamentais que no Ocidente seriam considerados femininos. No outro povo observado, o Mundugumor, as mulheres apresentavam comportamento violento e agressivo com os homens, traços que o Ocidente considera masculinos. Nos Tchambuli, Mead observou que as mulheres tinham atitudes de domínio e liderança, enquanto os homens tinham de dependência. Essa pesquisa de Margaret Mead foi realizada em meados da década de 30 do século XX e resultou no livro *Sexo e Temperamento* (2009) que foi publicado pela primeira vez em 1935 nos Estados Unidos, mais de 50 anos antes da publicação do primeiro livro de Judith Butler sobre gênero, mas já foi capaz de desafiar as ideias convencionais de gênero, sugerindo que este não passa de construção social e cultural, algo instável e sem padrão eterno.

Notamos que até o que tem sido denominado atualmente como "cisgeneridade" bem como "transgeneridade" figuram como conceitos problemáticos por reforçarem a ideia dos papéis de gênero e do binarismo. A palavra cisgênero tem sua origem no prefixo derivado do latim *cis*, que significa "deste lado de", significando o oposto de *trans*, que quer dizer "em frente de" ou "do outro lado de". Assim, cisgeneridade corresponde à identificação com o gênero que, embora não seja natural, foi atribuído à pessoa ao nascer, isto baseando-se na genitália que esta pessoa aparenta. Por outro lado transgeneridade corresponde à identificação com o gênero oposto ao que foi atribuído à pessoa ao nascer, isto baseando-se na genitália que esta pessoa aparenta. O problema é que, de acordo com esses conceitos o gênero é algo está arraigado nas personalidades das pessoas ao ponto de estas o aceitarem como elemento da sua essência. Isso significa que as pessoas não têm o direito de performar gênero? Não, claro que não, pelo contrário, a abolição do gênero implica no ideal de que todos os seres humanos não precisem enquadrar-se em gênero para se vestir, falar, comportar-se, simplesmente o fazerem como quisessem, sem obrigação de afirmar encaixe em uma invenção social chamada gênero. Logo, mais do que o direito de simplesmente performar gênero, as pessoas têm o direito de libertar-se dessa prisão que o gênero é. Deste modo, o trabalho de Judith Butler desafia a identidade limitada ao modelo binário, defendendo a ideia de que gênero não passa de algo que se constrói nas práticas reiteradas e "atos de gênero". Butler, portanto, se direciona no sentido de rever as bases nas quais a identidade de gênero são formadas, a fim de desqualificar os discursos que se apoiam em essencialismos ou fundamentalismos que resultam em violências àqueles que desviam dos modelos de gênero preestabelecidos.

CONSIDERAÇÕES FINAIS

É inegável o quanto o pensamento de Judith Butler é desafiador. No pensamento trazido por Butler, não há dúvidas de que o feminismo é uma luta pelos direitos das mulheres, no entanto é também um desmembramento do que se categoriza como "mulheres". Consequentemente, essa desconstrução reflete na categorização do que se entende como "homens" e, no extremo, no gênero como um todo. Butler vai à matriz que assenta toda a filosofia para desmontar desde a raiz todos os estereótipos de gênero. Sendo o gênero uma ficção social que diferenciam – e hierarquiza – homens e mulheres, é um erro afirmar que o feminismo tem como objetivo a igualdade entre os gêneros, afinal, o gênero é justamente uma diferença entre os sexos, inventada. O que o feminismo tem por norte é a abolição do gênero e a igualdade entre os sexos e, por consequência, a emancipação das fêmeas, inferiorizadas nessa hierarquia. Afinal, feminismo não é uma leitura individual da vida, não é simplesmente uma posição particular que se escolhe para viver, um estilo de vida. Feminismo é um movimento social que reúne as demandas das mulheres por políticas públicas que visem sanar injustiças e opressões baseadas numa farsa chamada "gênero".

Ao destrinchar a origem filosófica da identidade de gênero, conseguimos nos certificar que o mesmo não é natural de ser humano nenhum, tampouco precisa continuar existindo, gênero é uma ficção social opressora que deve ser abolida. A ideia de que existe um portar/sentir/vestir-se mulher, atribuindo a este portar/sentir/vestir-se atributos inatos, psicológicos, emocionais, intelectuais e energéticos específicos é a confusão da construção social que é o gênero com a ideia de uma natureza imutável, com algo que é "de nascença". Nesta confusão, residem atribuições machistas às mulheres, como afirmar que são naturalmente emotivas, cuidadoras, doces, delicadas etc., afinal, não existe uma "essência" ou "energia feminina" – nem masculina – que alguém nasce com ela. Ser mulher, durante muito tempo foi sinônimo de ser feminina, cruzava-se uma construção social com natureza, porém "mulher" não é o mesmo que "gênero", o gênero é o "feminino", este uma construção social do que seria "ser mulher". Então, há que se dissociar os estereótipos de feminilidade, ou seja, do gênero feminino, da categoria "mulher", esta referida simplesmente à fêmea adulta humana, que não tem nenhuma relação natural com estereótipos de feminilidade. Da mesma maneira, "homem" não é gênero, o gênero é o "masculino", este uma construção social do que seria "ser homem", logo, há que se dissociar os estereótipos de masculinidade, do gênero masculino, da categoria "homem", esta referindo-se simplesmente ao macho adulto humano. A feminilização assim como a masculinização de alguém é um processo educativo informal, imposto quando a pessoa nasce com uma genitália ou outra. E quanto aos que nascem com genitália indefinida, fora do padrão binário? Esse sistema finge que essas pessoas não existem e as forçam a se encaixar em um dos dois gêneros.

Sabendo que o gênero não é natural e a luta feminista é, em primeiro lugar, a luta para que sejamos livres do gênero, podemos também concluir que conceitos como cisgeneridade e de transgeneridade chegam a ser antifeministas, já esses conceitos contradizem o feminismo ao reforçar a existência do gênero em vez de acabar com este. Ora, se feminismo demanda a abolição do gênero, como é possível a cisgeneridade e transgeneridade, sendo que estes se tratam de conceitos que afirmam que há pessoas com identidade de gênero fixas em suas dimensões psíquicas, isto é, o gênero *a priori,* ao ponto de haver "gente que nasce no corpo certo" e "gente que nasce no corpo errado"*?* Isto não é reforçar a ideia de inatismo do gênero? Notamos que sim, pois desloca a ideia de que gênero é natural do corpo, para a ideia de que gênero é natural da mente.

Concluímos, pois, que é equivocado afirmar que Butler seria uma pensadora "pós-feminista". Butler é crítica do feminismo, mas não se desvincula dele, pois seu pensamento visa aperfeiçoá-lo. Judith Butler amplia a visão feminista que defende somente a categoria "mulheres", pois ela defende, além das mulheres, todos aqueles que não se enquadram nos discursos que invocam a "natureza imutável" do corpo como fonte de uma suposta verdade acerca do gênero. Assim, a teoria de Butler jamais deixa de ser uma teoria engajada socialmente, com o propósito de defender o direito de "ser" e a "liberdade de existir" da pessoa oprimida pelos estereótipos de gênero.

REFERÊNCIAS

ADICHIE, Chimamanda Ngozi. *Sejamos todos feministas*. São Paulo: Companhia das Letras, 2015. Tradução: Christina Baum.

ARISTÓTELES. *A Metafísica*. 2. ed. São Paulo: Edipro, 2012. Tradução: Edson Bini.

BEAUVOIR, Simone de. *O Segundo Sexo*: 2. A experiência Vivida. 2. ed. São Paulo: Difusão Europeia do Livro, 1967. Tradução de: Sergio Milliet; Capa de: Fernando Lemos.

BUTLER, Judith. *A Filósofa que Rejeita Classificações*. São Paulo: 2013. Cult, São Paulo, ed. especial, n. 06, ano 19, p. 46-50, 14 jan. 2016. Entrevista concedida a Carla Rodrigues. Tradução: Cadu Ortolan.

______. *Bodies that Matter*: On the Discursive Limits of "Sex". Nova York, Routledge, 1993.

______. *Problemas de Gênero*: Feminismo e Subversão da identidade. 8 ed. Rio de Janeiro: Civilização Brasileira, 2015. Tradução: Renato Aguiar.

LARAIA, Roque de Barros. *Cultura*: um conceito antropológico. 24. ed. Rio de Janeiro: Jorge Zahar Ed., 2009.

MEAD, Margaret. *Sexo e Temperamento*. 4. ed. São Paulo: Perspectiva, 2009. (Debates, 005). Tradução: Rosa Krausz.

SALIH, Sara. *Judith Butler e a Teoria Queer*. Tradução e notas de Guacira Lopes Louro. Belo Horizonte: Autêntica, 2015.

STEARNS, Peter N. *História das Relações de Gênero*. São Paulo: Contexto, 2007.

WOLF, Naomi. *O mito da beleza*: Como as imagens de beleza são usadas contra as mulheres. Rio de Janeiro: Rocco, 1992. Tradução de: Waldéa Barcellos.
WOOLF, Virginia. *Profissões para mulheres:* e outros artigos feministas. Porto Alegre-RS, 2013. (Coleção L&PM; POCKET; v. 1032). Tradução de: Denise Bottmann.